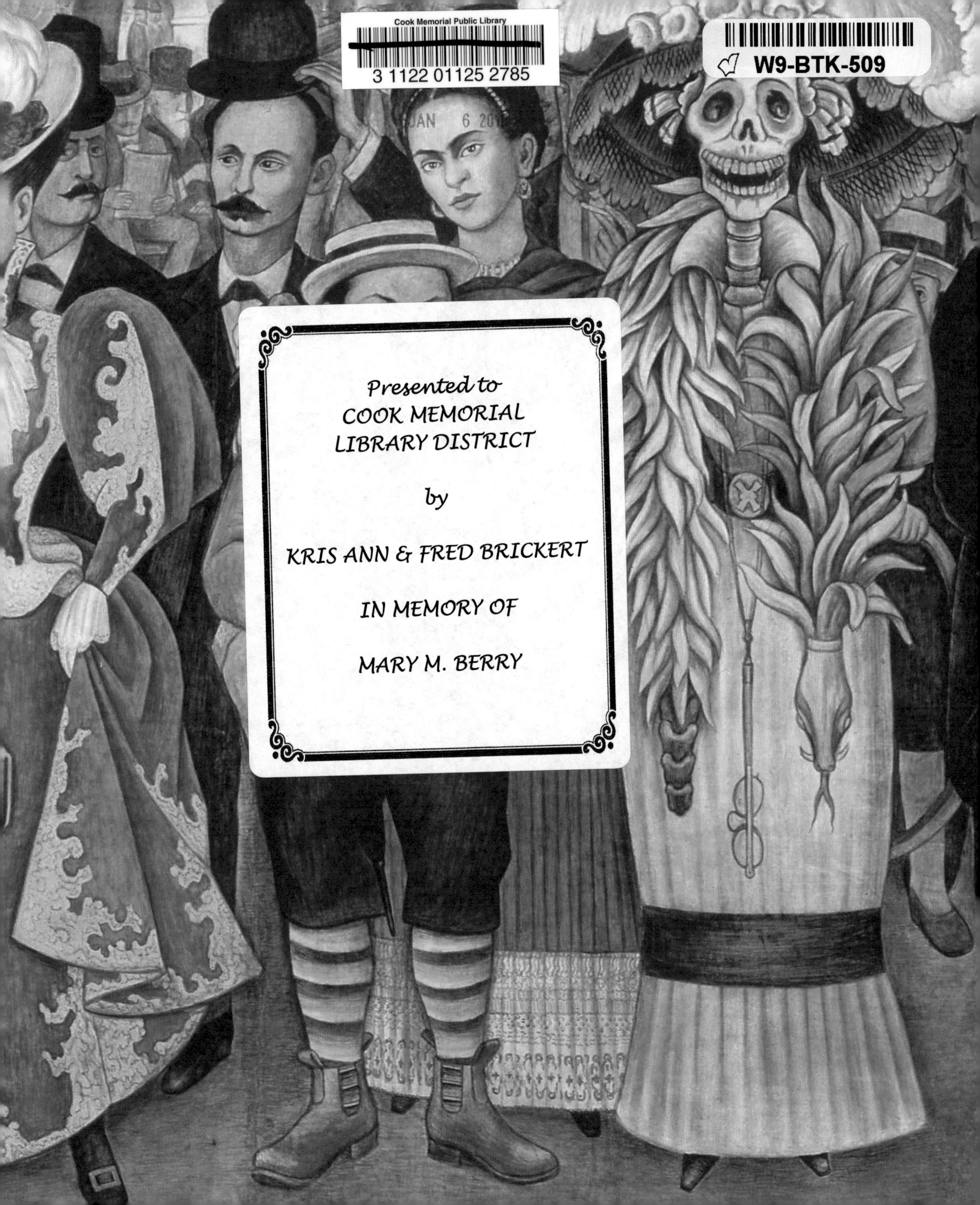

My Papa Diego and Me

and Me

Memories / Recuerdos
Guadalupe Rivera Marín

Artwork / Arte
Diego Rivera

Mi papá Diego y yo

Children's Book Press   San Francisco, California

INTRODUCTION

When most people think of my father, Diego Rivera, they think of him as a famous painter. And they're right, he did grow up to be a famous painter. But before he became a famous artist, he was like you—a child.

My father was born in 1886, in Guanajuato, Mexico. From the time he was very little, he had two passions: machines and creating art. He loved machines and railroads so much he earned the nickname *el ingeniero*, the engineer. He also earned another nickname, *el chile bola*, because he was fiery and round, like a *chile* pepper.

My father started to draw and paint when he was two years old. He drew and painted on whatever he could get his hands on. But his father, my grandfather, didn't want him to become an artist. He wanted my father to go into the military, like the other men in his family. But at only ten years old, my father convinced my grandfather that he should go to art school instead. Over the next eight years, my father studied painting and won prizes for his artwork. His hard work, dedication, and talent taught me that if you work hard at your passion, you can achieve your dreams.

Diego Rivera loved children, and he created many paintings with children in them. He believed it was important for children to be cared for, to be educated and encouraged. In this book, I'd like to tell you some stories about my father, about myself as a little girl, and about the children in his paintings.

— Guadalupe Rivera Marín

Introducción

Muchas personas consideran a mi padre Diego Rivera un famoso pintor. Y tienen razón; él llegó a ser un pintor muy famoso. Pero antes de serlo, fue un niño como tú.

Mi padre nació en 1886 en Guanajuato, México. Cuando era pequeño le encantaban las máquinas y el arte. Como las máquinas y los trenes le entusiasmaban tanto, sus amigos le pusieron el apodo de «el ingeniero». También le llamaban «el chile bola», porque era redondo y fogoso, como un chile picante.

Mi padre empezó a dibujar y a pintar cuando tenía dos años. Dibujaba y pintaba sobre cualquier superficie a su alcance. Su papá, es decir, mi abuelo no quería que su hijo fuera artista. Él quería que fuera militar como todos los varones de la familia. Cuando cumplió diez años, papá convenció a mi abuelo que lo dejara ir a una escuela de arte. Durante los siguientes ocho años estudió pintura y obtuvo premios por sus obras artísticas. Su gran esfuerzo, su dedicación y el talento demostrado le enseñaron que cuando uno se empeña en hacer lo que realmente desea se pueden lograr los sueños.

A Diego Rivera le encantaban los niños, y pintó muchas obras dedicadas a reproducir imágenes de niños. Pensaba que lo importante es dar a los niños cuidados, educación y estímulos. En este libro quiero contarles algunas anécdotas sobre la relación de mi padre conmigo cuando era niña y acerca de los niños que aparecen en sus cuadros.

— Guadalupe Rivera Marín

PICOS WITH AN ORANGE

In Mexico, *y pico* can mean something like "and a little bit." When I was a girl my father called me "Picos" because I was so small and he was so big. I'm the girl in this painting. I was a model for my father many times when I was little.

It's very hard for a small child to sit still for so long while someone else is painting their picture. When my father was painting this picture, he gave me an orange to help keep me still while he painted me. He got really annoyed with me, because I ate the orange before he finished the painting!

PICOS CON NARANJA

En Mexico, *y pico* puede decir «y un poco más». Cuando era niña mi padre me llamaba «Picos» porque yo era tan pequeña y él era tan grande. Yo soy la niña que está pintada en el cuadro. Muchas veces fui su modelo cuando era pequeña.

Para una niña pequeña es muy difícil quedarse quieta por mucho tiempo mientras otra persona la pinta. Cuando mi padre pintó este cuadro me dio una naranja para que me quedará quieta mientras él me pintaba. Se enojó conmigo ¡porque me comí la naranja antes de que él terminara el cuadro!

Picos and Inesita

In this painting, I'm the girl on the right, and the girl on the left is a friend of mine. My father posed me with a little red book in my hand, but I was only three years old—too young to be able to read it.

The red necklace I'm wearing was made of coral. The wooden box on the table is from a part of Mexico called Olinalá. The wood from Olinalá is famous for its spicy scent. My mother kept her handkerchiefs inside the box to keep them smelling sweet.

Picos e Inesita

En este cuadro, la niña de la derecha soy yo y la de la izquierda es una amiguita mía. Mi padre colocó un librito rojo en mis manos, pero yo sólo tenía tres años—era muy pequeña para leer.

El collar rojo que llevo es de coral. La caja de madera sobre la mesa es de un lugar de México que se llama Olinalá. La madera de Olinalá es famosa porque huele a especias. Mi mamá guardaba sus pañuelos dentro de la caja para que olieran bien.

Portrait of
Ignacio Sánchez

This is a portrait of Ignacio Sánchez. When we were little
we were very good friends. We played together all the time.

Do you see Ignacio's short hair and his overalls? When I was
little, my father liked to keep my hair and my sister's hair very
short, and he dressed us in pants. In fact, we looked a lot like
Ignacio Sánchez in this painting.

When I was five years old, we went to live with my grandmother.
When she saw us, was she surprised! Back then, girls didn't have
short hair or wear pants. She sent my aunts to buy us some new
dresses right away.

Retrato del niño
Ignacio Sánchez

Éste es un retrato de Ignacio Sánchez. Cuando éramos pequeños
fuimos muy buenos amigos. Siempre jugábamos juntos.

¿Ven el pelo corto y el overol de Ignacio? Cuando era pequeña,
a mi papá le gustaba que a mi hermana y a mi nos cortaran el pelo
muy corto y nos vistieran con pantalones. Así nos parecíamos
mucho a Ignacio, tal y como se ve en este cuadro.

Cuando cumplí cinco años nos fuimos a vivir con mi abuela.
¡Al vernos, ella se asombró! En aquellos tiempos, las niñas no
llevaban el pelo corto ni se ponían pantalones. De inmediato mis
tías fueron a comprarnos vestidos nuevos.

México. 1,927.

FERMÍN

My father created this drawing for the cover of a book called *Fermín*. This book was used in rural schools all over Mexico. It told the story of Fermín, the boy who you see in the center of this drawing.

Fermín was a peasant boy who worked hard in the hot sun of the countryside. He went to school, read books about history, and eventually became a revolutionary leader. The story of Fermín was very important to my father. He wanted to show that all children, even those who grow up with very little, can become leaders.

FERMÍN

Mi padre hizo este dibujo para la cubierta de un libro llamado «Fermín». El libro se usó en las escuelas rurales en todo México. Contaba la historia de Fermín, el niño que se ve en el centro del dibujo.

Fermín fue un niño campesino que trabajaba bajo el ardiente sol del campo. Asistió a la escuela y leyó libros de historia. Cuando pasaron los años, llegó a ser un líder revolucionario. Para mi padre la historia de Fermín fue muy importante. Quería mostrar cómo todos los niños, aun aquéllos que tienen muchas carencias, pueden llegar a ser líderes.

Girl with Doll

When I was little I loved to play with *las muñecas de cartón,* which are dolls like the one in this painting. Their beautiful outfits are painted onto their paper maché bodies.

Back then my father had a collection of all kinds of toys, not just dolls. Once, he brought me and my sister Ruth a pair of roller skates from New York. Not very many children in Mexico had roller skates at that time. Ruth and I were so proud, because this was a very special gift. Those roller skates were very precious to us, just as all of these memories of my father are precious to me.

Niña con Muñeca

Cuando yo era pequeña me encantaba jugar con muñecas de cartón, iguales a las de este cuadro. Sus lindos vestidos están pintados directamente sobre los cuerpecitos de papel maché con el que están hechas.

En aquel tiempo mi padre tenía una colección de juguetes de todas clases y no sólo de muñecas. En una ocasión a mi hermana Ruth y a mí nos trajo unos patines de Nueva York. En esos días muy pocos niños en México tenían patines. Ruth y yo estábamos muy orgullosas porque su regalo fue muy especial y valorábamos mucho los patines, al igual que yo atesoro todos esos recuerdos de mi padre.

the Piñata

In Mexico, we love to have *fiestas*, parties. And whenever there is a *fiesta* with children, we must have a *piñata*. As you can see in this painting, the children are blindfolded and try to break open the *piñata* with a stick, so the candies inside will spill out. It's always a race to see who can gather up the most candy.

I remember many *fiestas* that my father and his second wife, Frida Kahlo, hosted at their blue house in Coyoacán. They never had any children of their own, but their house was always filled with children from the neighborhood.

La piñata

En México nos gustan las fiestas. Y cuando hay una fiesta para niños, siempre debe haber una piñata. Como se ve en este cuadro, a los niños les vendan los ojos y ellos, a ciegas, tratan de romper la piñata con un palo para que caigan los dulces que hay dentro. Siempre hay una competencia para ver quién puede recoger más dulces.

Me acuerdo de muchas fiestas que mi padre y su segunda esposa, Frida Kahlo, celebraron en su casa azul en Coyoacán. Ellos no tuvieron hijos, sin embargo, su casa siempre estaba llena de niños de las casas vecinas.

Las Posadas

This is a painting of a Mexican tradition called *las posadas.* At Christmastime, children and adults walk through the streets holding candles. As they walk, they sing and ask for shelter just as Mary and Joseph did. After the procession there is a *piñata* for the children to break open. It's a very special time of the year. When I lived in Coyoacán with my father and Frida, they would invite all the neighborhood children over for *las posadas.*

Do you see the little boy at the very end of the procession? Some people think that my father painted that boy to look just like he did when he was little.

Las Posadas

Esta es una pintura dedicada a la tradición mexicana que se llama «las posadas». Durante las fiestas de Navidad niños y adultos caminan por las calles con velas en las manos. Cantan y piden posada como lo hicieron María y José. Después de la procesión, se cuelga una piñata para que la rompan todos los niños. Es una época muy especial del año. Cuando viví en Coyoacán con mi padre y con Frida, organizaban posadas para los niños de los alrededores de su casa.

¿Ven al niño que camina al final de la procesión? Algunas personas opinan que mi papá pintó un retrato de cuando él era niño.

The Family

The Mexican countryside is very beautiful. It is full of trees, plants, and fields of corn, but the people who live there are very poor. Parents who want a better life for their children bring them to the cities, where they can enroll in better schools than the ones in the country.

This small family arrived at our house in Mixcalco from Texcoco. My father took them in and painted this family scene with great affection and care. The mother received this painting as a gift, which she sold to obtain enough money to start a new life for herself and her children in the city.

La Familia

El campo mexicano es bellísimo. Está lleno de árboles, de plantas y de sembradíos de maíz; sin embargo, la gente que vive allí es muy pobre. Los padres que quieren una vida mejor para sus hijos los llevan a la ciudad, donde pueden asistir a mejores escuelas que las del campo.

Esta pequeña familia llegó de Texcoco a nuestra casa en Mixcalco. Mi padre los recibió y después pintó la escena familiar con gran cariño y cuidado. La madre recibió el cuadro como un regalo y al venderlo obtuvo suficiente dinero para comenzar una nueva vida en la ciudad con sus hijos.

Mother's Helper

In Mexico, we love flowers. People decorate their houses with flowers all year round. There are flower markets in nearly every neighborhood, all over the country. You can buy flowers in the market or you can buy them on the street. There are flowers everywhere! When you are invited to have lunch at a friend's house, it is very common to bring flowers for your host.

This is a typical scene of a woman selling flowers at the market. I like to think that the little girl is buying those beautiful orange flowers for her mother, for *el Día de las Madres*—Mother's Day.

Diego Rivera

Ayudando a mamá

En México nos gustan mucho las flores. La gente adorna sus casas con flores durante todo el año. En todo el país hay mercados de flores en casi todas las colonias. Es posible comprar flores en los mercados o en la calle. ¡Hay flores por todos lados! Cuando recibes una invitación a almorzar a casa de un amigo, se acostumbra llevar un ramo de flores a la anfitriona.

Ésta es la escena típica de una vendedora de flores en el mercado. Me imagino que la niñita está comprando unas bellas flores color naranja para llevárselas a su mamá por ser el Día de las Madres.

The Flower Seller

The most typical flowers in Mexico are sunflowers, gladiolas, and lilies. When I was a girl, these kinds of flowers were much more common than roses.

Some of my father's most famous paintings are of these kinds of flowers, and the people in the markets who sell them. In this painting, a woman carries a big basket of flowers on her back. She sells them wholesale—that is to say, she sells flowers to other vendors, who will then sell them to buyers at the flower market. The children of the flower sellers help them, because it is very hard work.

La vendedora de flores

Las flores mexicanas más típicas son los girasoles, las gladiolas y los lirios. Cuando yo era niña, estas flores eran más comunes que las rosas.

Algunos de los cuadros más famosos de mi padre están dedicados a estas flores y a las personas que las venden en los mercados. En este cuadro aparece una mujer cargando en su espalda una canasta con flores. Las vende al por mayor, es decir, las vende a otros vendedores para que otras personas se las compren en el mismo mercado de flores. Los hijos de las vendedoras les ayudan porque es un trabajo pesado.

Women Combing their Hair

In this picture, a mother is braiding her daughter's hair out in the countryside. This was a very typical scene when I was a girl. Back then, all women in Mexico wore their hair in braids, *trenzas*. In fact, in those times it wasn't just uncommon to wear your hair long and loose. It was scandalous!

When I was very little my hair was too short to wear braids, but when I got older I too wore braids.

Mujeres peinándose

En este cuadro, una madre campesina trenza el cabello de su hija. Cuando yo era niña esta escena se veía con frecuencia. Todas las mujeres en México llevaban trenzas. Es más, en esos tiempos no se acostumbraba llevar el pelo largo y suelo. ¡Era escandaloso!

De niña tenía el pelo muy corto para llevar trenzas pero cuando crecí, sí las llevé.

Beloved Home

Family and education were both very important to my father. Here, my father painted a woman who tends to her sewing while her children study and do their homework.

My sister Ruth and I went to a public grammar school near our grandmother's house in Guadalajara, Mexico. We had to walk over two miles to school every day. At first I wasn't a very good student, but as I got older I discovered that I loved to read. I loved stories, novels, books about history, books about art. I loved them so much that I decided I too would write books one day.

El hogar tan querido

La familia y la educación eran muy importantes para mi padre. En esta obra pintó a una señora cosiendo mientras sus hijos estudian y hacen las tareas de la escuela.

Mi hermana Ruth y yo asistimos —en Guadalajara, México— a una escuela primaria pública que estaba cerca de la casa de nuestra abuela. Todos los días caminábamos dos millas a la escuela. Al principio yo no era buena estudiante, pero cuando crecí, descubrí el encanto de la lectura. Me gustaban los cuentos, las novelas, los libros de historia y los libros de arte. Me gustaban tanto que decidí que algún día yo también los escribiría.

The Rural Teacher

One of my father's first jobs was to create murals for the Secretariat of Public Education in Mexico. He painted this mural in the main building of that institution.

The teacher holds a book in her hand. She is teaching a group of people, young and old, out in the countryside. When I was a girl, the majority of people in Mexico lived out in the country, and they often didn't have even the basic things they needed to live. These conditions eventually led to the Mexican Revolution, when the people fought to change their government. My father believed in the Revolution, and he taught me to always stand up for my beliefs.

La maestra rural

Uno de los primeros trabajos que realizó mi padre fue pintar murales para la Secretaría de Educación Pública. Pintó este mural en el edificio principal de esa institución.

La señora maestra sostiene un libro en la mano. En el campo enseña a leer a un grupo de personas, tanto jóvenes como adultos. Cuando yo era joven la mayoría de las personas en México vivían en el campo y carecían de las cosas más necesarias para vivir. Con el tiempo estas condiciones cambiaron gracias a la Revolución mexicana, cuando el pueblo luchó para cambiar a sus gobernantes. Mi padre siempre estuvo de acuerdo con la Revolución y me enseñó a defender mis convicciones.

ARTWORK CREDITS

Picos con naranja | 1925
Rivera, Diego (1866-1957)
© Banco de Mexico, Diego Rivera &
Frida Kahlo Museums Trust.
Encaustic on canvas, 68 x 56 cm.

Picos e Inesita | 1928
Rivera, Diego (1866-1957)
© Banco de Mexico, Diego Rivera & Frida Kahlo
Museums Trust. Oil on canvas, 61 x 72.5 cm.
Collection of Col. Arthur Murria.
Photo: Lic. Juan Velásquez

Retrato del niño Ignacio Sánchez | 1927
Rivera, Diego (1866-1957)
© Banco de Mexico, Diego Rivera & Frida Kahlo
Museums Trust. Oil on canvas, 61 x 81 cm.
Collection of Charles Erskine Scot Wood

Portada del libro Fermín | 1927(?)
Rivera, Diego (1866-1957)
© Banco de Mexico, Diego Rivera & Frida
Kahlo Museums Trust. Manuel Velázquez
Andrade, Secretaría de Educación Pública,
Mexico City D.F., Mexico.

Niña con muñeca | 1954
Rivera, Diego (1866-1957)
© Banco de Mexico, Diego Rivera &
Frida Kahlo Museums Trust.
Oil on canvas, 77.2 x 61 cm.

La piñata | 1953
Rivera, Diego (1866-1957)
© Banco de Mexico, Diego Rivera & Frida
Kahlo Museums Trust. Hospital Infantil
Francisco Gómez, Mexico City D.F., Mexico.
Photo credit: Schalkwijk/ArtResource NY

Las Posadas - La Procesión | 1953
Rivera, Diego (1866-1957)
© Banco de Mexico, Diego Rivera & Frida
Kahlo Museums Trust. Hospital Infantil
Francisco Gómez, Mexico City D.F., Mexico.
Photo credit: Schalkwijk/ArtResource NY

La familia | 1934
Rivera, Diego (1866-1957)
© Banco de Mexico, Diego Rivera &
Frida Kahlo Museums Trust.
Watercolor on canvas, 48 x 62.2 cm
Acervo Museo Dolores Olmedo Patiño

Ayudando a mamá | 1937
Rivera, Diego (1866-1957)
© Banco de Mexico, Diego Rivera &
Frida Kahlo Museums Trust.
Watercolor on canvas, 28.5 x 37 cm.

La vendedora de flores | 1949
Rivera, Diego (1866-1957)
© Banco de Mexico, Diego Rivera & Frida Kahlo
Museums Trust. Oil on canvas, 108 x 150 cm.
Museo Español Arte Contemporáneo, Madrid

Mujeres peinándose | 1957
Rivera, Diego (1866-1957)
© Banco de Mexico, Diego Rivera &
Frida Kahlo Museums Trust.
Watercolor on canvas, 27.5 x 38 cm.
Acervo Museo Dolores Olmedo Patiño

El hogar tan querido – Fin del corrido
(detail) | 1922-28. Rivera, Diego (1866-1957)
© Banco de Mexico, Diego Rivera & Frida Kahlo
Museums Trust. Secretaría de Educación Pública,
Mexico City D.F., Mexico.
Photo credit: Schalkwijk/ArtResource, NY

La maestra rural | 1923-28
Rivera, Diego (1866-1957)
© Banco de Mexico, Diego Rivera & Frida Kahlo
Museums Trust. 4.38 x 3.27 meters. Secretaría de
Educación Pública, Mexico City, D.F., Mexico.
Photo credit: Schalkwijk/ArtResource, NY

Sueño de una tarde dominical en la Alameda 1947–48, Rivera, Diego (1866-1957).
© Banco de Mexico, Diego Rivera & Frida Kahlo Museums Trust. Fresco, 4.8 x 15 meters.
Museo Mural Diego Rivera, Mexico City, D.F., Mexico. Photo credit: Schalkwijk / ArtResource, NY

The mural that is featured inside the covers of this book is one of my father's most famous works of art. It has been photographed and reproduced all over the world. In this mural, my father painted something from his childhood. When he was rather a naughty little boy, he would go down to the canals that surrounded Mexico City to catch frogs and small snakes. He would keep them in his pockets and then frighten his mother and aunts with them. He's the boy with striped socks in middle of the picture. Can you find him?

— Guadalupe Rivera Marín

El mural que aparece en las guardas de este libro, es una de las obras de arte más famosas de mi padre. Este mural ha sido fotografiado y reproducido en todo el mundo. Mi padre pintó en el, una escena de su niñez. Cuando se portaba mal, se iba a los canales que rodeaban la antigua Ciudad de México y allí atrapaba sapos y culebritas. Las guardaba en los bolsillos y más tarde asustaba a su mamá y a sus tías con ellos. Su retrato de niño ocupa el centro del mural y es él, el niño que lleva los calcetines rayados. ¿Puedes encontrarlo?

— Guadalupe Rivera Marín

From left to right: Guadalupe Rivera Marín, Diego Rivera, and Ruth Rivera; Diego Rivera surrounded by his daughters and grandchildren on his 60th birthday, Guadalupe Rivera Marín and her sister Ruth; Diego Rivera and Guadalupe Rivera Marín shortly before he left Mexico for Russia; Guadalupe Rivera Marín holds her son while watching her father paint.

Dr. Guadalupe Rivera Marín is the daughter of Diego Rivera and Guadalupe Marín. Her early childhood was spent in Chapingo, in rural Mexico, while her father created government-sponsored murals for the Secretaría de Educación Pública, or the department of public education. Dr. Rivera Marín is the founder and board chair of the Diego Rivera Foundation, an organization based in Mexico that is dedicated to preserving Diego Rivera's legacy via research, conservation, and conferences, and to supporting contemporary public art and artists. Dr. Rivera Marín is an accomplished lecturer and author, former diplomat, former member of the Mexican congress, and the longstanding director of the National Institute for Historical Studies on the Mexican Revolution. Dr. Rivera Marín lives in Cuernavaca, Mexico.

Diego Rivera was born in 1886 in Guanajuato, Mexico. He began to study art at the age of ten. One of Mexico's most famous and influential painters, he was also a political activist and a communist. Many of Diego Rivera's most famous works are frescoes— murals painted onto fresh plaster. His signature style and iconic portrayals of workingmen and women, Mexican history, and symbols such as calla lilies are instantly recognizable. His frescoes, paintings, and sketches can be found in buildings and museums around the world. Over the course of his life, Diego Rivera traveled extensively, living and creating work in Mexico, the United States, Europe, and Russia. He was married three times, to Guadalupe Marín, to artist Frida Kahlo, and to Emma Hurtado. He died in 1957.

This book was printed in September 2009 at First Choice Printing Co. in Hong Kong, via Marwin Productions, and meets or exceeds required safety standards and regulations.

10 9 8 7 6 5 4 3 2

Distributed to the book trade by Publishers Group West.

Quantity discounts are available through the publisher for nonprofit use.

Text © 2009 by Guadalupe Rivera Marín
Artwork by Diego Rivera © Banco de Mexico,
Diego Rivera & Frida Kahlo Museums Trust,
Av. 5 de Mayo No.2, Col. Centro,
Del Cuauhtemoc 06059, México, D.F.

Publisher & Executive Director:
Lorraine García-Nakata
Executive Editor: Dana Goldberg
Design: Lorena Piñon, Pinwheel Design
Many thanks to Caitlin Moneypenny, John Zarobell,
& Amanda Glesmann at SFMoMA for their guidance;
Janine Macbeth for her design input; María Leal,
Teresa Mlawer, Ina Cumpiano, Laura Chastain, and
Rosalyn Sheff for their assistance with the text;
Herbert and Nylda Gemple for their support; and
the staff of Children's Book Press: Imelda Cruz,
Rod Lowe, Janet del Mundo, and Christina Troup.

Library of Congress Cataloging-in-Publication Data
Rivera Marín, Guadalupe, 1924-
  My papá Diego and me : memories of my father and
his art / recollections by Guadalupe Rivera Marín;
artwork by Diego Rivera = Mi papá Diego y yo:
recuerdos de mi padre y su arte / reminiscencias de
Guadalupe Rivera Marín ; arte de Diego Rivera.
    p. cm.
  English and Spanish.
  ISBN-13: 978-0-89239-228-5 (hardcover)
  ISBN-10: 0-89239-228-5 (hardcover)
  1. Rivera, Diego, 1886-1957—Anecdotes—Juvenile
literature. 2. Painters—Mexico—Biography—
Anecdotes—Juvenile literature. I. Rivera, Diego,
1886-1957. II. Title. III. Title: Mi papá Diego y yo :
recuerdos de mi padre y su arte.
ND259.R5R58 2009
759.972—dc22
[B]   2008053193

children's book press is a 501(c)(3) non-profit organization. Our work is made possible in part by: AT&T Foundation, San Francisco Foundation, San Francisco Arts Commission, National Endowment for the Arts, Wells Fargo Foundation, Stephen Santos Rico, Carlota del Portillo, Union Bank of California, Children's Book Press Board of Directors, the Anonymous Fund of the Greater Houston Community Foundation, Herbert and Nylda Gemple, Rose Guilbault, and many others.

For a catalog, write: Children's Book Press, 965 Mission Street, Suite 425, San Francisco, California, 94103.
Visit us on the web at: **www.childrensbookpress.org**